TRANZLATY

La Langue est pour tout le Monde

Limba este pentru toată lumea

La Belle et la Bête

Frumoasa și Bestia

Gabrielle-Suzanne Barbot de Villeneuve

Français / Română

Copyright © 2025 Tranzlaty
All rights reserved
Published by Tranzlaty
ISBN: 978-1-80572-058-4
Original text by Gabrielle-Suzanne Barbot de Villeneuve
La Belle et la Bête
First published in French in 1740
Taken from The Blue Fairy Book (Andrew Lang)
Illustration by Walter Crane
www.tranzlaty.com

Il était une fois un riche marchand
A fost odată un negustor bogat
ce riche marchand avait six enfants
acest bogat negustor a avut șase copii
il avait trois fils et trois filles
a avut trei fii si trei fiice
il n'a épargné aucun coût pour leur éducation
nu a scutit nici un cost pentru educația lor
parce qu'il était un homme sensé
pentru că era un om cu simț
mais il a donné à ses enfants de nombreux serviteurs
dar le-a dat copiilor săi mulți slujitori
ses filles étaient extrêmement jolies
fiicele lui erau extrem de frumoase
et sa plus jeune fille était particulièrement jolie
iar fiica lui cea mică era deosebit de drăguță
Déjà enfant, sa beauté était admirée
în copilărie, frumusețea ei era deja admirată
et les gens l'appelaient à cause de sa beauté
iar oamenii o numeau după frumusețea ei
sa beauté ne s'est pas estompée avec l'âge
frumusețea ei nu s-a stins pe măsură ce a îmbătrânit
alors les gens ont continué à l'appeler par sa beauté
așa că oamenii o tot numeau după frumusețea ei
cela a rendu ses sœurs très jalouses
asta le-a făcut pe surorile ei foarte geloase
les deux filles aînées avaient beaucoup de fierté
cele două fiice mai mari aveau multă mândrie
leur richesse était la source de leur fierté
averea lor era sursa mândriei lor
et ils n'ont pas caché leur fierté non plus
și nu și-au ascuns nici mândria
ils n'ont pas rendu visite aux filles d'autres marchands
nu au vizitat fiicele altor negustori
parce qu'ils ne rencontrent que l'aristocratie
pentru că se întâlnesc doar cu aristocrația

ils sortaient tous les jours pour faire la fête
ieşeau în fiecare zi la petreceri
bals, pièces de théâtre, concerts, etc.
baluri, piese de teatru, concerte şi aşa mai departe
et ils se moquèrent de leur plus jeune sœur
şi râdeau de sora lor cea mai mică
parce qu'elle passait la plupart de son temps à lire
pentru că îşi petrecea cea mai mare parte a timpului citind
il était bien connu qu'ils étaient riches
era bine cunoscut că erau bogaţi
alors plusieurs marchands éminents ont demandé leur main
aşa că mai mulţi negustori eminenti le-au cerut mâna
mais ils ont dit qu'ils n'allaient pas se marier
dar au spus că nu vor să se căsătorească
mais ils étaient prêts à faire quelques exceptions
dar erau pregătiţi să facă unele excepţii
« Peut-être que je pourrais épouser un duc »
„Poate că m-aş putea căsători cu un duce"
« Je suppose que je pourrais épouser un comte »
„Cred că m-aş putea căsători cu un conte"
Belle a remercié très civilement ceux qui lui ont proposé
beauty le-a mulţumit foarte civilizat celor care au cerut-o în căsătorie
elle leur a dit qu'elle était encore trop jeune pour se marier
ea le-a spus că era încă prea tânără pentru a se căsători
elle voulait rester quelques années de plus avec son père
a vrut să mai stea câţiva ani cu tatăl ei
Tout d'un coup, le marchand a perdu sa fortune
Deodată negustorul şi-a pierdut averea
il a tout perdu sauf une petite maison de campagne
a pierdut totul în afară de o casă mică de ţară
et il dit à ses enfants, les larmes aux yeux :
şi le-a spus copiilor săi cu lacrimi în ochi:
« il faut aller à la campagne »
„Trebuie să mergem la ţară"
« et nous devons travailler pour gagner notre vie »

„și trebuie să muncim pentru existența noastră"
les deux filles aînées ne voulaient pas quitter la ville
cele două fiice mai mari nu voiau să părăsească orașul
ils avaient plusieurs amants dans la ville
au avut mai mulți îndrăgostiți în oraș
et ils étaient sûrs que l'un de leurs amants les épouserait
și erau siguri că unul dintre iubiții lor se va căsători cu ei
ils pensaient que leurs amants les épouseraient même sans fortune
credeau că iubiții lor se vor căsători cu ei chiar și fără avere
mais les bonnes dames se sont trompées
dar doamnele bune s-au înșelat
leurs amants les ont abandonnés très vite
iubiții lor i-au abandonat foarte repede
parce qu'ils n'avaient plus de fortune
pentru că nu mai aveau averi
cela a montré qu'ils n'étaient pas vraiment appréciés
acest lucru a arătat că nu erau de fapt foarte apreciați
tout le monde a dit qu'ils ne méritaient pas d'être plaints
toată lumea a spus că nu merită să fie milă
« **Nous sommes heureux de voir leur fierté humiliée** »
„Ne bucurăm să le vedem mândria umilită"
« **Qu'ils soient fiers de traire les vaches** »
„să fie mândri că mulg vacile"
mais ils étaient préoccupés par Belle
dar erau preocupați de frumusețe
elle était une créature si douce
era o creatură atât de dulce
elle parlait si gentiment aux pauvres
le-a vorbit atât de binevoitor oamenilor săraci
et elle était d'une nature si innocente
și era de o natură atât de nevinovată
Plusieurs messieurs l'auraient épousée
Mai mulți domni s-ar fi căsătorit cu ea
ils l'auraient épousée même si elle était pauvre
s-ar fi căsătorit cu ea chiar dacă era săracă

mais elle leur a dit qu'elle ne pouvait pas les épouser
dar ea le-a spus că nu se poate căsători cu ei
parce qu'elle ne voulait pas quitter son père
pentru că nu şi-a părăsit tatăl
elle était déterminée à l'accompagner à la campagne
era hotărâtă să meargă cu el la ţară
afin qu'elle puisse le réconforter et l'aider
pentru ca ea să-l mângâie şi să-l ajute
pauvre Belle était très affligée au début
Biata frumuseţe a fost foarte mâhnită la început
elle était attristée par la perte de sa fortune
era îndurerată de pierderea averii
"Mais pleurer ne changera pas mon destin"
„dar plânsul nu îmi va schimba averea"
« Je dois essayer de me rendre heureux sans richesse »
„Trebuie să încerc să mă fac fericit fără bogăţie"
ils sont venus dans leur maison de campagne
au venit la casa lor de la tara
et le marchand et ses trois fils s'appliquèrent à l'agriculture
iar negustorul şi cei trei fii ai săi s-au aplicat la exploataţie
Belle s'est levée à quatre heures du matin
frumuseţea s-a ridicat la patru dimineaţa
et elle s'est dépêchée de nettoyer la maison
iar ea s-a grăbit să cureţe casa
et elle s'est assurée que le dîner était prêt
şi s-a asigurat că cina era gata
au début, elle a trouvé sa nouvelle vie très difficile
la început i s-a părut foarte dificilă noua ei viaţă
parce qu'elle n'était pas habituée à un tel travail
pentru că ea nu fusese obişnuită cu o astfel de muncă
mais en moins de deux mois elle est devenue plus forte
dar în mai puţin de două luni a devenit mai puternică
et elle était en meilleure santé que jamais auparavant
şi era mai sănătoasă decât oricând
après avoir fait son travail, elle a lu
după ce şi-a făcut treaba a citit

elle jouait du clavecin
ea cânta la clavecin
ou elle chantait en filant de la soie
sau ea cânta în timp ce toarse mătase
au contraire, ses deux sœurs ne savaient pas comment passer leur temps
dimpotrivă, cele două surori ale ei nu știau să-și petreacă timpul
ils se sont levés à dix heures et n'ont rien fait d'autre que paresser toute la journée
s-au trezit la zece și n-au făcut decât să lenevească toată ziua
ils ont déploré la perte de leurs beaux vêtements
se plângeau de pierderea hainelor fine
et ils se sont plaints d'avoir perdu leurs connaissances
și s-au plâns că și-au pierdut cunoștințele
« Regardez notre plus jeune sœur », se dirent-ils.
„Uitați-vă la sora noastră cea mai mică", și-au spus unul altuia
"Quelle pauvre et stupide créature elle est"
"Ce biata si proasta este ea"
"C'est mesquin de se contenter de si peu"
"este rau sa te multumesti cu atat de putin"
le gentil marchand était d'un avis tout à fait différent
negustorul amabil era de o părere cu totul diferită
il savait très bien que Belle éclipsait ses sœurs
știa foarte bine că frumusețea le depășește pe surorile ei
elle les a surpassés en caractère ainsi qu'en esprit
i-a eclipsat atât ca caracter, cât și ca minte
il admirait son humilité et son travail acharné
îi admira smerenia și munca ei grea
mais il admirait surtout sa patience
dar mai ales îi admira răbdarea
ses sœurs lui ont laissé tout le travail à faire
surorile ei i-au lăsat toată munca de făcut
et ils l'insultaient à chaque instant
și o insultau în fiecare clipă
La famille vivait ainsi depuis environ un an.

Familia trăia așa de aproximativ un an
puis le commerçant a reçu une lettre d'un comptable
apoi comerciantul a primit o scrisoare de la un contabil
il avait un investissement dans un navire
a avut o investiție într-o navă
et le navire était arrivé sain et sauf
iar nava sosise cu bine
Cette nouvelle a fait tourner les têtes des deux filles aînées
vestea lui a întors capetele celor două fiice mai mari
ils ont immédiatement eu l'espoir de revenir en ville
au avut imediat speranțe să se întoarcă în oraș
parce qu'ils étaient assez fatigués de la vie à la campagne
pentru că erau destul de obosiți de viața la țară
ils sont allés vers leur père alors qu'il partait
s-au dus la tatăl lor când el pleca
ils l'ont supplié de leur acheter de nouveaux vêtements
l-au rugat să le cumpere haine noi
des robes, des rubans et toutes sortes de petites choses
rochii, panglici și tot felul de lucruri mărunte
mais Belle n'a rien demandé
dar frumusețea nu a cerut nimic
parce qu'elle pensait que l'argent ne serait pas suffisant
pentru că ea credea că banii nu vor fi suficienți
il n'y aurait pas assez pour acheter tout ce que ses sœurs voulaient
nu ar fi suficient să cumpere tot ce și-au dorit surorile ei
"Que veux-tu, ma belle ?" demanda son père
— Ce ți-ar plăcea, frumusețe? întrebă tatăl ei
« Merci, père, pour la bonté de penser à moi », dit-elle
„Îți mulțumesc, părinte, pentru bunătatea de a te gândi la mine", a spus ea
« Père, ayez la gentillesse de m'apporter une rose »
„Tată, fii atât de amabil încât să-mi aduci un trandafir"
"parce qu'aucune rose ne pousse ici dans le jardin"
"pentru ca nu cresc trandafiri aici in gradina"
"et les roses sont une sorte de rareté"

„şi trandafirii sunt un fel de raritate"
Belle ne se souciait pas vraiment des roses
frumuseţii nu prea îi păsa de trandafiri
elle a juste demandé quelque chose pour ne pas condamner ses sœurs
a cerut doar ceva pentru a nu-şi condamna surorile
mais ses sœurs pensaient qu'elle avait demandé des roses pour d'autres raisons
dar surorile ei credeau că a cerut trandafiri din alte motive
"Elle l'a fait juste pour avoir l'air particulière"
"Ea a făcut-o doar pentru a arăta special"
L'homme gentil est parti en voyage
Bărbatul bun a plecat în călătoria lui
mais quand il est arrivé, ils se sont disputés à propos de la marchandise
dar când a sosit s-au certat despre marfă
et après beaucoup d'ennuis, il est revenu aussi pauvre qu'avant
iar după multe necazuri s-a întors la fel de sărac ca înainte
il était à quelques heures de sa propre maison
se afla la câteva ore de propria sa casă
et il imaginait déjà la joie de revoir ses enfants
şi îşi imagina deja bucuria de a-şi vedea copiii
mais en traversant la forêt, il s'est perdu
dar când trecea prin pădure s-a rătăcit
il a plu et neigé terriblement
a plouat şi a nins îngrozitor
le vent était si fort qu'il l'a fait tomber de son cheval
vântul era atât de puternic încât l-a aruncat de pe cal
et la nuit arrivait rapidement
iar noaptea venea repede
il a commencé à penser qu'il pourrait mourir de faim
a început să se gândească că ar putea muri de foame
et il pensait qu'il pourrait mourir de froid
şi s-a gândit că s-ar putea să îngheţe până la moarte
et il pensait que les loups pourraient le manger

și a crezut că lupii îl pot mânca
les loups qu'il entendait hurler tout autour de lui
lupii pe care i-a auzit urlând în jurul lui
mais tout à coup il a vu une lumière
dar dintr-o dată văzu o lumină
il a vu la lumière au loin à travers les arbres
a văzut lumina de la distanță printre copaci
quand il s'est approché, il a vu que la lumière était un palais
când s-a apropiat a văzut că lumina era un palat
le palais était illuminé de haut en bas
palatul era luminat de sus în jos
le marchand a remercié Dieu pour sa chance
negustorul a mulțumit lui Dumnezeu pentru norocul său
et il se précipita vers le palais
iar el s-a grăbit la palat
mais il fut surpris de ne voir personne dans le palais
dar a fost surprins să nu vadă oameni în palat
la cour était complètement vide
curtea curții era complet goală
et il n'y avait aucun signe de vie nulle part
și nu era niciun semn de viață nicăieri
son cheval le suivit dans le palais
calul lui l-a urmat în palat
et puis son cheval a trouvé une grande écurie
și atunci calul său a găsit un grajd mare
le pauvre animal était presque affamé
bietul animal era aproape înfometat
alors son cheval est allé chercher du foin et de l'avoine
așa că calul lui a intrat să găsească fân și ovăz
Heureusement, il a trouvé beaucoup à manger
din fericire a găsit destule de mâncare
et le marchand attacha son cheval à la mangeoire
iar negustorul și-a legat calul de iesle
En marchant vers la maison, il n'a vu personne
mergând spre casă, nu văzu pe nimeni
mais dans une grande salle il trouva un bon feu

dar într-o sală mare a găsit un foc bun
et il a trouvé une table dressée pour une personne
și a găsit o masă pusă pentru unul
il était mouillé par la pluie et la neige
era ud de ploaie și zăpadă
alors il s'est approché du feu pour se sécher
așa că s-a apropiat de foc să se usuce
« J'espère que le maître de maison m'excusera »
„Sper că stăpânul casei mă va scuza"
« Je suppose qu'il ne faudra pas longtemps pour que quelqu'un apparaisse »
„Presupun că nu va dura mult până când cineva va apărea"
Il a attendu un temps considérable
A așteptat un timp considerabil
il a attendu jusqu'à ce que onze heures sonnent, et toujours personne n'est venu
a așteptat până a bătut unsprezece și tot nu a venit nimeni
enfin, il avait tellement faim qu'il ne pouvait plus attendre
în sfârșit îi era atât de foame încât nu mai putea aștepta
il a pris du poulet et l'a mangé en deux bouchées
a luat niște pui și l-a mâncat în două guri
il tremblait en mangeant la nourriture
tremura în timp ce mânca mâncarea
après cela, il a bu quelques verres de vin
după aceasta a băut câteva pahare de vin
devenant plus courageux, il sortit du hall
din ce în ce mai curajos a ieșit din hol
et il traversa plusieurs grandes salles
și a traversat mai multe săli mărețe
il a traversé le palais jusqu'à ce qu'il arrive dans une chambre
a mers prin palat până a intrat într-o încăpere
une chambre qui contenait un très bon lit
o cameră care avea un pat foarte bun în ea
il était très fatigué par son épreuve
era foarte obosit de încercarea lui

et il était déjà minuit passé
iar ora trecuse deja de miezul nopții
alors il a décidé qu'il était préférable de fermer la porte
așa că a decis că cel mai bine era să închidă ușa
et il a conclu qu'il devrait aller se coucher
și a ajuns la concluzia că ar trebui să meargă la culcare
Il était dix heures du matin lorsque le marchand s'est réveillé
Era zece dimineața când s-a trezit negustorul
au moment où il allait se lever, il vit quelque chose
tocmai când avea să se ridice a văzut ceva
il a été étonné de voir un ensemble de vêtements propres
a fost uimit să vadă un set de haine curate
à l'endroit où il avait laissé ses vêtements sales
în locul în care își lăsase hainele murdare
"**ce palais appartient certainement à une sorte de fée**"
„Cu siguranță acest palat aparține unei zâne amabile"
" **une fée qui m'a vu et qui a eu pitié de moi**"
„ o zână care m-a văzut și s-a făcut milă"
il a regardé à travers une fenêtre
se uită printr-o fereastră
mais au lieu de neige, il vit le jardin le plus charmant
dar în loc de zăpadă a văzut cea mai încântătoare grădină
et dans le jardin il y avait les plus belles roses
iar în grădină erau cei mai frumoși trandafiri
il est ensuite retourné dans la grande salle
s-a întors apoi în sala mare
la salle où il avait mangé de la soupe la veille
sala în care băuse supă cu o seară înainte
et il a trouvé du chocolat sur une petite table
și a găsit niște ciocolată pe o măsuță
« Merci, bonne Madame la Fée », dit-il à voix haute.
— Mulțumesc, bună doamnă Zână, spuse el cu voce tare
"**Merci d'être si attentionné**"
„Îți mulțumesc că ai fost atât de grijuliu"
« **Je vous suis extrêmement reconnaissant pour toutes vos**

faveurs »
„Vă sunt extrem de recunoscător pentru toate favorurile"
l'homme gentil a bu son chocolat
bărbatul bun și-a băut ciocolata
et puis il est allé chercher son cheval
și apoi s-a dus să-și caute calul
mais dans le jardin il se souvint de la demande de Belle
dar în grădină își aminti de cererea frumuseții
et il coupa une branche de roses
și a tăiat o ramură de trandafiri
immédiatement il entendit un grand bruit
imediat a auzit un zgomot mare
et il vit une bête terriblement effrayante
și a văzut o fiară îngrozitor de înfricoșătoare
il était tellement effrayé qu'il était sur le point de s'évanouir
era atât de speriat încât era gata să leșine
« Tu es bien ingrat », lui dit la bête.
„Ești foarte nerecunoscător", i-a spus fiara
et la bête parla d'une voix terrible
iar fiara a vorbit cu o voce groaznică
« Je t'ai sauvé la vie en te laissant entrer dans mon château »
„Ți-am salvat viața dându-ți voie să intri în castelul meu"
"et pour ça tu me voles mes roses en retour ?"
„și pentru asta îmi furi trandafirii în schimb?"
« Les roses que j'apprécie plus que tout »
„Trandafirii pe care îi prețuiesc dincolo de orice"
"mais tu mourras pour ce que tu as fait"
"dar vei muri pentru ceea ce ai facut"
« Je ne vous donne qu'un quart d'heure pour vous préparer »
„Îți dau doar un sfert de oră să te pregătești"
« Préparez-vous à la mort et dites vos prières »
„Pregătește-te pentru moarte și spune-ți rugăciunile"
le marchand tomba à genoux
negustorul a căzut în genunchi
et il leva ses deux mains
și și-a ridicat ambele mâini

« Monseigneur, je vous supplie de me pardonner »
„Domnul meu, vă implor să mă iertați"
« Je n'avais aucune intention de t'offenser »
„Nu am avut de gând să te jignesc"
« J'ai cueilli une rose pour une de mes filles »
„Am adunat un trandafir pentru una dintre fiicele mele"
"elle m'a demandé de lui apporter une rose"
„Mi-a cerut să-i aduc un trandafir"
« Je ne suis pas ton seigneur, mais je suis une bête », répondit le monstre
„Nu sunt stăpânul tău, dar sunt o fiară", a răspuns monstrul
« Je n'aime pas les compliments »
„Nu-mi plac complimentele"
« J'aime les gens qui parlent comme ils pensent »
„Îmi plac oamenii care vorbesc așa cum gândesc"
« N'imaginez pas que je puisse être ému par la flatterie »
„Nu vă imaginați că pot fi mișcat de lingușire"
« Mais tu dis que tu as des filles »
„Dar spui că ai fete"
"Je te pardonnerai à une condition"
„Te voi ierta cu o condiție"
« L'une de vos filles doit venir volontairement à mon palais »
„una dintre fiicele tale trebuie să vină de bunăvoie la palatul meu"
"et elle doit souffrir pour toi"
„și ea trebuie să sufere pentru tine"
« Donne-moi ta parole »
"Lasa-ma sa iti am cuvantul"
"et ensuite tu pourras vaquer à tes occupations"
„și apoi poți să-ți faci treaba"
« Promets-moi ceci : »
"Promite-mi asta:"
"Si votre fille refuse de mourir pour vous, vous devez revenir dans les trois mois"
„Dacă fiica ta refuză să moară pentru tine, trebuie să te întorci

în trei luni"
le marchand n'avait aucune intention de sacrifier ses filles
negustorul nu avea nicio intenție să-și sacrifice fiicele
mais, comme on lui en donnait le temps, il voulait revoir ses filles une fois de plus
dar, din moment ce i s-a dat timp, a vrut să-și vadă fiicele încă o dată
alors il a promis qu'il reviendrait
așa că a promis că se va întoarce
et la bête lui dit qu'il pouvait partir quand il le voudrait
iar fiara i-a spus că poate pleca când va voi
et la bête lui dit encore une chose
iar fiara i-a mai spus un lucru
« Tu ne partiras pas les mains vides »
„Să nu pleci cu mâinile goale"
« retourne dans la pièce où tu étais allongé »
„Întoarce-te în camera în care te-ai întins"
« vous verrez un grand coffre au trésor vide »
„Veți vedea un cufăr mare de comori gol"
« Remplissez le coffre aux trésors avec ce que vous préférez »
„Umpleți cufărul cu comori cu tot ce vă place mai mult"
"et j'enverrai le coffre au trésor chez toi"
„și voi trimite cufărul cu comori la tine acasă"
et en même temps la bête s'est retirée
și în același timp fiara s-a retras
« Eh bien, » se dit le bon homme
„Ei bine", a spus omul bun pentru sine
« Si je dois mourir, je laisserai au moins quelque chose à mes enfants »
„Dacă trebuie să mor, măcar voi lăsa ceva copiilor mei"
alors il retourna dans la chambre à coucher
așa că s-a întors în dormitor
et il a trouvé une grande quantité de pièces d'or
și a găsit o mulțime de piese de aur
il a rempli le coffre au trésor que la bête avait mentionné

a umplut cufărul cu comori despre care pomenise fiara
et il sortit son cheval de l'écurie
și și-a scos calul din grajd
la joie qu'il ressentait en entrant dans le palais était désormais égale à la douleur qu'il ressentait en le quittant
bucuria pe care o simțea la intrarea în palat era acum egală cu durerea pe care o simțea la ieșirea din el
le cheval a pris un des chemins de la forêt
calul a luat unul din drumurile pădurii
et quelques heures plus tard, le bon homme était à la maison
iar în câteva ore omul bun era acasă
ses enfants sont venus à lui
copiii lui au venit la el
mais au lieu de recevoir leurs étreintes avec plaisir, il les regardait
dar în loc să le primească cu plăcere îmbrățișările, se uită la ei
il brandit la branche qu'il tenait dans ses mains
ridică creanga pe care o avea în mâini
et puis il a fondu en larmes
apoi a izbucnit în lacrimi
« Belle », dit-il, « s'il te plaît, prends ces roses »
„Frumusețe", a spus el, „te rog să ia acești trandafiri"
"Vous ne pouvez pas savoir à quel point ces roses ont été chères"
„Nu poți ști cât de scumpi au fost trandafirii ăștia"
"Ces roses ont coûté la vie à ton père"
„Acești trandafiri l-au costat viața pe tatăl tău"
et puis il raconta sa fatale aventure
iar apoi a povestit despre aventura lui fatală
immédiatement les deux sœurs aînées crièrent
imediat cele două surori mai mari au strigat
et ils ont dit beaucoup de choses méchantes à leur belle sœur
și i-au spus multe lucruri rele frumoasei lor surori
mais Belle n'a pas pleuré du tout
dar frumusețea nu plângea deloc
« Regardez l'orgueil de ce petit misérable », dirent-ils.

„Uită-te la mândria acelui nenorocit", au spus ei
"elle n'a pas demandé de beaux vêtements"
"nu a cerut haine frumoase"
"Elle aurait dû faire ce que nous avons fait"
„Ar fi trebuit să facă ceea ce am făcut noi"
"elle voulait se distinguer"
„a vrut să se distingă"
"alors maintenant elle sera la mort de notre père"
„Deci acum ea va fi moartea tatălui nostru"
"et pourtant elle ne verse pas une larme"
„şi totuşi nu varsă o lacrimă"
"Pourquoi devrais-je pleurer ?" répondit Belle
„De ce să plâng?" răspunse frumuseţea
« pleurer serait très inutile »
„Plânsul ar fi foarte inutil"
« Mon père ne souffrira pas pour moi »
„Tatăl meu nu va suferi pentru mine"
"le monstre acceptera une de ses filles"
„monstrul va accepta una dintre fiicele lui"
« Je m'offrirai à toute sa fureur »
„Mă voi oferi toată furia lui"
« Je suis très heureux, car ma mort sauvera la vie de mon père »
„Sunt foarte fericit, pentru că moartea mea va salva viaţa tatălui meu"
"ma mort sera une preuve de mon amour"
„Moartea mea va fi o dovadă a iubirii mele"
« Non, ma sœur », dirent ses trois frères
„Nu, soră", au spus cei trei fraţi ai ei
"cela ne sera pas"
"asta nu va fi"
"nous allons chercher le monstre"
„Vom merge să găsim monstrul"
"et soit on le tue..."
"şi fie îl vom ucide..."
« ... ou nous périrons dans cette tentative »

„... sau vom pieri în încercare"
« N'imaginez rien de tel, mes fils », dit le marchand.
„Nu vă imaginaţi aşa ceva, fiii mei", a spus negustorul
"La puissance de la bête est si grande que je n'ai aucun espoir que tu puisses la vaincre"
„puterea fiarei este atât de mare încât nu am nicio speranţă că o poţi birui"
« Je suis charmé par l'offre aimable et généreuse de Belle »
„Sunt fermecat de oferta bună şi generoasă a frumuseţii"
"mais je ne peux pas accepter sa générosité"
"dar nu pot accepta generozitatea ei"
« Je suis vieux et je n'ai plus beaucoup de temps à vivre »
„Sunt bătrân şi nu mai am mult de trăit"
"Je ne peux donc perdre que quelques années"
„deci nu pot pierde decât câţiva ani"
"un temps que je regrette pour vous, mes chers enfants"
„Timp pe care îl regret pentru voi, dragii mei copii"
« Mais père », dit Belle
— Dar tată, spuse frumuseţea
"tu n'iras pas au palais sans moi"
„Nu vei merge la palat fără mine"
"tu ne peux pas m'empêcher de te suivre"
„Nu mă poţi opri să te urmăresc"
rien ne pourrait convaincre Belle autrement
nimic nu ar putea convinge frumusetea altfel
elle a insisté pour aller au beau palais
a insistat să meargă la frumosul palat
et ses sœurs étaient ravies de son insistance
iar surorile ei erau încântate de insistenţa ei
Le marchand était inquiet à l'idée de perdre sa fille
Negustorul era îngrijorat la gândul că-şi va pierde fiica
il était tellement inquiet qu'il avait oublié le coffre rempli d'or
era atât de îngrijorat încât uitase de cufărul plin cu aur
la nuit, il se retirait pour se reposer et fermait la porte de sa chambre

noaptea s-a retras să se odihnească și și-a închis ușa camerei
puis, à sa grande surprise, il trouva le trésor à côté de son lit
apoi, spre marea lui uimire, a găsit comoara lângă patul lui
il était déterminé à ne rien dire à ses enfants
era hotărât să nu le spună copiilor săi
s'ils savaient, ils auraient voulou retourner en ville
dacă ar fi știut, ar fi vrut să se întoarcă în oraș
et il était résolu à ne pas quitter la campagne
și era hotărât să nu părăsească țara
mais il confia le secret à Belle
dar a încrezut frumuseții cu secretul
elle l'informa que deux messieurs étaient venus
ea l-a informat că au venit doi domni
et ils ont fait des propositions à ses sœurs
și le-au făcut propuneri surorilor ei
elle a supplié son père de consentir à leur mariage
ea l-a implorat pe tatăl ei să consimtă la căsătoria lor
et elle lui a demandé de leur donner une partie de sa fortune
iar ea i-a cerut să le dea o parte din averea lui
elle leur avait déjà pardonné
ea îi iertase deja
les méchantes créatures se frottaient les yeux avec des oignons
făpturile rele și-au frecat ochii cu ceapă
pour forcer quelques larmes quand ils se sont séparés de leur sœur
să forțeze niște lacrimi când s-au despărțit de sora lor
mais ses frères étaient vraiment inquiets
dar frații ei chiar erau îngrijorați
Belle était la seule à ne pas verser de larmes
frumusețea a fost singura care nu a vărsat nicio lacrimă
elle ne voulait pas augmenter leur malaise
ea nu voia să le sporească neliniștea
le cheval a pris la route directe vers le palais
calul a luat drumul direct către palat
et vers le soir ils virent le palais illuminé

iar spre seară au văzut palatul luminat
le cheval est rentré à l'écurie
calul s-a luat din nou în grajd
et le bon homme et sa fille entrèrent dans la grande salle
iar omul bun și fiica lui au intrat în sala cea mare
ici ils ont trouvé une table magnifiquement dressée
aici au găsit o masă splendid servită
le marchand n'avait pas d'appétit pour manger
negustorul nu avea poftă de mâncare
mais Belle s'efforçait de paraître joyeuse
dar frumusețea se străduia să pară veselă
elle s'est assise à table et a aidé son père
s-a așezat la masă și și-a ajutat tatăl
mais elle pensait aussi :
dar și ea se gândea:
"**La bête veut sûrement m'engraisser avant de me manger**"
„Fiara sigur vrea să mă îngrașă înainte să mă mănânce"
"**c'est pourquoi il offre autant de divertissement**"
„de aceea oferă atât de mult divertisment"
après avoir mangé, ils entendirent un grand bruit
după ce au mâncat au auzit un zgomot mare
et le marchand fit ses adieux à son malheureux enfant, les larmes aux yeux
iar negustorul și-a luat rămas bun de nefericitul său copil, cu lacrimi în ochi
parce qu'il savait que la bête allait venir
pentru că știa că va veni fiara
Belle était terrifiée par sa forme horrible
frumusețea era îngrozită de forma lui oribilă
mais elle a pris courage du mieux qu'elle a pu
dar ea a prins curaj cât a putut de bine
et le monstre lui a demandé si elle était venue volontairement
iar monstrul a întrebat-o dacă a venit de bunăvoie
"**Oui, je suis venue volontiers**", **dit-elle en tremblant**
— da, am venit de bună voie, spuse ea tremurând

la bête répondit : « Tu es très bon »
fiara a răspuns: „Ești foarte bun"
"et je vous suis très reconnaissant, honnête homme"
"și vă sunt foarte recunoscător; om cinstit"
« Allez-y demain matin »
"du-te drumul tau maine dimineata"
"mais ne pense plus jamais à revenir ici"
„dar să nu te gândești să mai vin aici"
« Adieu Belle, adieu bête », répondit-il
„Adio frumusețe, adio fiară", a răspuns el
et immédiatement le monstre s'est retiré
și imediat monstrul s-a retras
« Oh, ma fille », dit le marchand
— O, fiică, spuse negustorul
et il embrassa sa fille une fois de plus
și și-a îmbrățișat fiica încă o dată
« Je suis presque mort de peur »
„Aproape sunt speriat de moarte"
"crois-moi, tu ferais mieux de rentrer"
"Crede-ma, ar fi bine sa te intorci"
"Laisse-moi rester ici, à ta place"
"Lasa-ma sa stau aici, in loc de tine"
« Non, père », dit Belle d'un ton résolu.
— Nu, tată, spuse frumusețea, pe un ton hotărât
"tu partiras demain matin"
„Vei pleca mâine dimineață"
« Laissez-moi aux soins et à la protection de la Providence »
„Lasă-mă în grija și protecția providenței"
néanmoins ils sont allés se coucher
cu toate acestea s-au dus la culcare
ils pensaient qu'ils ne fermeraient pas les yeux de la nuit
credeau că nu vor închide ochii toată noaptea
mais juste au moment où ils se couchaient, ils s'endormirent
dar tocmai când s-au întins, au adormit
La belle rêva qu'une belle dame venait et lui disait :
Frumusețea a visat că a venit o doamnă bună și i-a spus:

- 19 -

« Je suis content, Belle, de ta bonne volonté »
„Sunt mulțumit, frumusețe, cu bunăvoința ta"
« Cette bonne action de votre part ne restera pas sans récompense »
„Această acțiune bună a ta nu va rămâne nerăsplatită"
Belle s'est réveillée et a raconté son rêve à son père
frumusețea s-a trezit și i-a spus tatălui ei visul
le rêve l'a aidé à se réconforter un peu
visul a ajutat să-l consoleze puțin
mais il ne pouvait s'empêcher de pleurer amèrement en partant
dar nu se putea abține să plângă amar în timp ce pleca
Dès qu'il fut parti, Belle s'assit dans la grande salle et pleura aussi
de îndată ce a plecat, frumusețea s-a așezat în sala mare și a plâns și ea
mais elle résolut de ne pas s'inquiéter
dar ea s-a hotărât să nu fie neliniștită
elle a décidé d'être forte pour le peu de temps qui lui restait à vivre
a hotărât să fie puternică pentru puținul timp care-i mai rămânea de trăit
parce qu'elle croyait fermement que la bête la mangerait
pentru că credea ferm că fiara o va mânca
Cependant, elle pensait qu'elle pourrait aussi bien explorer le palais
totuși, se gândi că ar putea la fel de bine să exploreze palatul
et elle voulait voir le beau château
și a vrut să vadă frumosul castel
un château qu'elle ne pouvait s'empêcher d'admirer
un castel pe care nu se putea abține să-l admire
c'était un palais délicieusement agréable
era un palat încântător de plăcut
et elle fut extrêmement surprise de voir une porte
și a fost extrem de surprinsă văzând o ușă
et sur la porte il était écrit que c'était sa chambre

iar peste uşă era scris că era camera ei
elle a ouvert la porte à la hâte
ea deschise uşa în grabă
et elle était tout à fait éblouie par la magnificence de la pièce
şi era destul de uluită de măreţia camerei
ce qui a principalement retenu son attention était une grande bibliothèque
ceea ce i-a atras în principal atenţia a fost o bibliotecă mare
un clavecin et plusieurs livres de musique
un clavecin şi mai multe cărţi de muzică
« Eh bien, » se dit-elle
„Ei bine", a spus ea pentru sine
« Je vois que la bête ne laissera pas mon temps peser sur moi »
„Văd că fiara nu-mi va lăsa timpul să atârne greu"
puis elle réfléchit à sa situation
apoi s-a gândit în sinea ei despre situaţia ei
« Si je devais rester un jour, tout cela ne serait pas là »
„Dacă ar fi fost menită să stau o zi, toate acestea nu ar fi aici"
cette considération lui inspira un courage nouveau
această consideraţie i-a inspirat un curaj proaspăt
et elle a pris un livre de sa nouvelle bibliothèque
şi a luat o carte din noua ei bibliotecă
et elle lut ces mots en lettres d'or :
iar ea a citit aceste cuvinte cu litere aurii:
« Accueillez Belle, bannissez la peur »
„Bine ai venit frumuseţea, alungă frica"
« Vous êtes reine et maîtresse ici »
„Eşti regină şi amantă aici"
« Exprimez vos souhaits, exprimez votre volonté »
„Spune-ţi dorinţele, spune-ţi voinţa"
« L'obéissance rapide répond ici à vos souhaits »
„Supunerea rapidă îndeplineşte dorinţele tale aici"
« Hélas, dit-elle avec un soupir
— Vai, spuse ea oftând
« Ce que je souhaite par-dessus tout, c'est revoir mon pauvre

père. »
„Mai mult îmi doresc să-mi văd bietul tată"
"et j'aimerais savoir ce qu'il fait"
„și aș vrea să știu ce face"
Dès qu'elle eut dit cela, elle remarqua le miroir
De îndată ce spuse asta, observă oglinda
à sa grande surprise, elle vit sa propre maison dans le miroir
spre marea ei uimire și-a văzut propria casă în oglindă
son père est arrivé émotionnellement épuisé
tatăl ei a sosit epuizat emoțional
ses sœurs sont allées à sa rencontre
surorile ei au mers să-l întâmpine
malgré leurs tentatives de paraître tristes, leur joie était visible
în ciuda încercărilor lor de a părea întristat, bucuria lor era vizibilă
un instant plus tard, tout a disparu
o clipă mai târziu totul a dispărut
et les appréhensions de Belle ont également disparu
iar temerile frumuseții au dispărut și ele
car elle savait qu'elle pouvait faire confiance à la bête
pentru că știa că poate avea încredere în fiară
À midi, elle trouva le dîner prêt
La amiază a găsit cina pregătită
elle s'est assise à la table
se așeză la masă
et elle a été divertie avec un concert de musique
și a fost distrată cu un concert de muzică
même si elle ne pouvait voir personne
deși nu putea vedea pe nimeni
le soir, elle s'est à nouveau assise pour dîner
noaptea s-a așezat din nou la cină
cette fois elle entendit le bruit que faisait la bête
de data aceasta auzi zgomotul pe care îl făcea fiara
et elle ne pouvait s'empêcher d'être terrifiée
iar ea nu se putea abține să fie îngrozită

"Belle", dit le monstre
„Frumuseţe", a spus monstrul
"est-ce que tu me permets de manger avec toi ?"
„Îmi dai voie să mănânc cu tine?"
« Fais comme tu veux », répondit Belle en tremblant
„Fă cum vrei", a răspuns frumuseţea tremurând
"Non", répondit la bête
— Nu, răspunse fiara
"tu es seule la maîtresse ici"
"Singura tu esti amanta aici"
"tu peux me renvoyer si je suis gênant"
„Poţi să mă trimiţi dacă sunt supărător"
« renvoyez-moi et je me retirerai immédiatement »
"Trimite-ma si ma voi retrage imediat"
« Mais dis-moi, ne me trouves-tu pas très laide ? »
"Dar, spune-mi; nu crezi că sunt foarte urâtă?"
"C'est vrai", dit Belle
„Asta este adevărat", a spus frumuseţea
« Je ne peux pas mentir »
„Nu pot să spun o minciună"
"mais je crois que tu es de très bonne nature"
"dar cred ca esti foarte bun"
« Je le suis en effet », dit le monstre
— Chiar sunt, spuse monstrul
« Mais à part ma laideur, je n'ai pas non plus de bon sens »
„Dar în afară de urâţenia mea, nu am nici un sens"
« Je sais très bien que je suis une créature stupide »
„Ştiu foarte bine că sunt o creatură proastă"
« Ce n'est pas un signe de folie de penser ainsi », répondit Belle.
„Nu este un semn de prostie să crezi aşa", a răspuns frumuseţea
« Mange donc, belle », dit le monstre
— Mănâncă atunci, frumuseţe, spuse monstrul
« essaie de t'amuser dans ton palais »
„Încearcă să te distrezi în palatul tău"

"tout ici est à toi"
„Totul aici este al tău"
"et je serais très mal à l'aise si tu n'étais pas heureux"
„și aș fi foarte neliniștit dacă nu ai fi fericit"
« Vous êtes très obligeant », répondit Belle
— Ești foarte amabil, răspunse frumusețea
« J'avoue que je suis heureux de votre gentillesse »
„Recunosc că sunt mulțumit de bunătatea ta"
« et quand je considère votre gentillesse, je remarque à peine vos difformités »
„și când mă gândesc la bunătatea ta, cu greu observ deformările tale"
« Oui, oui, dit la bête, mon cœur est bon.
„Da, da", a spus fiara, „inima mea este bună
"mais même si je suis bon, je suis toujours un monstre"
„dar, deși sunt bun, tot sunt un monstru"
« Il y a beaucoup d'hommes qui méritent ce nom plus que toi »
„Sunt mulți bărbați care merită acest nume mai mult decât tine"
"et je te préfère tel que tu es"
„și te prefer așa cum ești"
"et je te préfère à ceux qui cachent un cœur ingrat"
„și te prefer pe tine mai mult decât pe cei care ascund o inimă nerecunoscătoare"
"Si seulement j'avais un peu de bon sens", répondit la bête
„Dacă aș avea oarecare simț", a răspuns fiara
"Si j'avais du bon sens, je vous ferais un beau compliment pour vous remercier"
„Dacă aș avea sens, aș face un compliment frumos ca să-ți mulțumesc"
"mais je suis si ennuyeux"
„dar sunt atât de plictisitor"
« Je peux seulement dire que je vous suis très reconnaissant »
„Pot doar să spun că vă sunt foarte recunoscător"

Belle a mangé un copieux souper
frumusețea a mâncat o cină copioasă
et elle avait presque vaincu sa peur du monstre
și aproape că își învinsese teama față de monstru
mais elle a voulu s'évanouir lorsque la bête lui a posé la question suivante
dar a vrut să leșine când fiara i-a pus următoarea întrebare
"Belle, veux-tu être ma femme ?"
"frumusețe, vei fi soția mea?"
elle a mis du temps avant de pouvoir répondre
a luat ceva timp până să poată răspunde
parce qu'elle avait peur de le mettre en colère
pentru că îi era frică să nu-l înfurie
Mais finalement elle dit "non, bête"
în cele din urmă, însă, ea a spus „nu, fiară"
immédiatement le pauvre monstre siffla très effroyablement
imediat bietul monstru șuieră foarte înspăimântător
et tout le palais résonna
iar tot palatul răsună
mais Belle se remit bientôt de sa frayeur
dar frumusețea și-a revenit curând din spaima ei
parce que la bête parla encore d'une voix lugubre
pentru că fiara a vorbit din nou cu un glas jalnic
"Alors adieu, Belle"
„Atunci la revedere, frumusețe"
et il ne se retournait que de temps en temps
și se întorcea doar din când în când
de la regarder alors qu'il sortait
să se uite la ea când ieșea
maintenant Belle était à nouveau seule
acum frumusețea era din nou singură
elle ressentait beaucoup de compassion
a simțit o mare compasiune
"Hélas, c'est mille fois dommage"
"Vai, sunt o mie de mila"
"tout ce qui est si bon ne devrait pas être si laid"

„Orice lucru atât de bun nu ar trebui să fie atât de urât"
Belle a passé trois mois très heureuse dans le palais
frumusețea a petrecut trei luni foarte mulțumită în palat
chaque soir la bête lui rendait visite
în fiecare seară fiara îi făcea o vizită
et ils ont parlé pendant le dîner
și au vorbit în timpul cinei
ils ont parlé avec bon sens
vorbeau cu bun simț
mais ils ne parlaient pas avec ce que les gens appellent de l'esprit
dar nu vorbeau cu ceea ce oamenii numesc duh
Belle a toujours découvert un caractère précieux dans la bête
frumusețea a descoperit întotdeauna un caracter valoros în fiară
et elle s'était habituée à sa difformité
iar ea se obișnuise cu diformitatea lui
elle ne redoutait plus le moment de sa visite
nu se mai temea de momentul vizitei lui
maintenant elle regardait souvent sa montre
acum se uita adesea la ceas
et elle ne pouvait pas attendre qu'il soit neuf heures
și abia aștepta să fie ora nouă
car la bête ne manquait jamais de venir à cette heure-là
pentru că fiara nu rata niciodată să vină la acea oră
il n'y avait qu'une seule chose qui concernait Belle
era un singur lucru care privea frumusețea
chaque soir avant d'aller au lit, la bête lui posait la même question
în fiecare seară înainte de a merge la culcare, fiara îi punea aceeași întrebare
le monstre lui a demandé si elle voulait être sa femme
monstrul a întrebat-o dacă va fi soția lui
un jour elle lui dit : "bête, tu me mets très mal à l'aise"
într-o zi ea i-a spus: „fiară, mă faci foarte neliniștit"
« J'aimerais pouvoir consentir à t'épouser »

„Mi-aş dori să fiu de acord să mă căsătoresc cu tine"
"mais je suis trop sincère pour te faire croire que je t'épouserais"
„dar sunt prea sincer să te fac să crezi că mă voi căsători cu tine"
"Notre mariage n'aura jamais lieu"
„căsătoria noastră nu se va întâmpla niciodată"
« Je te verrai toujours comme un ami »
„Te voi vedea mereu ca pe un prieten"
"S'il vous plaît, essayez d'être satisfait de cela"
„Te rog, încearcă să fii mulţumit de asta"
« Je dois me contenter de cela », dit la bête
— Trebuie să fiu mulţumit de asta, spuse fiara
« Je connais mon propre malheur »
„Îmi cunosc propria nenorocire"
"mais je t'aime avec la plus tendre affection"
"dar te iubesc cu cea mai tandra afectiune"
« Cependant, je devrais me considérer comme heureux »
„Totuşi, ar trebui să mă consider fericit"
"et je serais heureux que tu restes ici"
"şi ar trebui să fiu fericit că vei rămâne aici"
"promets-moi de ne jamais me quitter"
„Promite-mi să nu mă părăseşti niciodată"
Belle rougit à ces mots
frumuseţea se înroşi la aceste cuvinte
Un jour, Belle se regardait dans son miroir
într-o zi frumuseţea se uita în oglinda ei
son père s'était inquiété à mort pour elle
tatăl ei se îngrijorase bolnav pentru ea
elle avait plus que jamais envie de le revoir
tânjea să-l revadă mai mult ca niciodată
« Je pourrais te promettre de ne jamais te quitter complètement »
„Aş putea promite că nu te voi părăsi niciodată în întregime"
"mais j'ai tellement envie de voir mon père"
„dar am o dorinţă atât de mare să-mi văd tatăl"

« Je serais terriblement contrarié si tu disais non »
„Aş fi incredibil de supărat dacă ai spune nu"
« Je préfère mourir moi-même », dit le monstre
„Aş prefera să mor eu însumi", a spus monstrul
« Je préférerais mourir plutôt que de te mettre mal à l'aise »
„Aş prefera să mor decât să te fac să te simţi neliniştit"
« Je t'enverrai vers ton père »
„Te voi trimite la tatăl tău"
"tu resteras avec lui"
"vei ramane cu el"
"et cette malheureuse bête mourra de chagrin à la place"
„şi această fiară nefericită va muri de durere în schimb"
« Non », dit Belle en pleurant
— Nu, spuse frumuseţea, plângând
"Je t'aime trop pour être la cause de ta mort"
„Te iubesc prea mult pentru a fi cauza morţii tale"
"Je te promets de revenir dans une semaine"
„Îţi promit că mă voi întoarce într-o săptămână"
« Tu m'as montré que mes sœurs sont mariées »
„Mi-aţi arătat că surorile mele sunt căsătorite"
« et mes frères sont partis à l'armée »
„şi fraţii mei au plecat la armată"
« laisse-moi rester une semaine avec mon père, car il est seul »
"Lasa-ma sa stau o saptamana cu tata, ca el este singur"
« Tu seras là demain matin », dit la bête
— Vei fi acolo mâine dimineaţă, spuse fiara
"mais souviens-toi de ta promesse"
"dar aminteste-ti promisiunea"
« Il vous suffit de poser votre bague sur une table avant d'aller vous coucher »
„Trebuie să-ţi aşezi inelul pe o masă înainte de a te culca"
"et alors tu seras ramené avant le matin"
„şi apoi vei fi adus înapoi înainte de dimineaţă"
« Adieu chère Belle », soupira la bête
— Adio dragă frumuseţe, oftă fiara

Belle s'est couchée très triste cette nuit-là
frumusețea s-a culcat foarte trist în noaptea aceea
parce qu'elle ne voulait pas voir la bête si inquiète
pentru că nu voia să vadă fiara atât de îngrijorată
le lendemain matin, elle se retrouva chez son père
a doua zi dimineață se trezi acasă la tatăl ei
elle a sonné une petite cloche à côté de son lit
a sunat un mic clopoțel lângă patul ei
et la servante poussa un grand cri
iar servitoarea scoase un țipăt puternic
et son père a couru à l'étage
iar tatăl ei a alergat sus
il pensait qu'il allait mourir de joie
credea că va muri de bucurie
il l'a tenue dans ses bras pendant un quart d'heure
a ținut-o în brațe un sfert de oră
Finalement, les premières salutations étaient terminées
în cele din urmă primele salutări s-au terminat
Belle a commencé à penser à sortir du lit
frumusețea a început să se gândească să se ridice din pat
mais elle s'est rendu compte qu'elle n'avait apporté aucun vêtement
dar își dădu seama că nu adusese haine
mais la servante lui a dit qu'elle avait trouvé une boîte
dar servitoarea i-a spus că a găsit o cutie
le grand coffre était plein de robes et de robes
portbagajul mare era plin de rochii și rochii
chaque robe était couverte d'or et de diamants
fiecare rochie era acoperită cu aur și diamante
La Belle a remercié la Bête pour ses bons soins
frumusețea a mulțumit fiarei pentru grija lui amabilă
et elle a pris l'une des robes les plus simples
iar ea a luat una dintre cele mai simple dintre rochii
elle avait l'intention de donner les autres robes à ses sœurs
intenționa să le dea surorilor ei celelalte rochii
mais à cette pensée le coffre de vêtements disparut

dar la acel gând, pieptul de haine a dispărut
la bête avait insisté sur le fait que les vêtements étaient pour elle seulement
Bestia insistase că hainele erau doar pentru ea
son père lui a dit que c'était le cas
tatăl ei i-a spus că acesta este cazul
et aussitôt le coffre de vêtements est revenu
și imediat cufărul de haine s-a întors din nou
Belle s'est habillée avec ses nouveaux vêtements
frumusețea s-a îmbrăcat cu hainele ei noi
et pendant ce temps les servantes allèrent chercher ses sœurs
iar între timp slujnicele s-au dus să-i găsească surorile
ses deux sœurs étaient avec leurs maris
amândoi sora ei erau cu soții lor
mais ses deux sœurs étaient très malheureuses
dar ambele surori erau foarte nefericite
sa sœur aînée avait épousé un très beau gentleman
sora ei mai mare se măritase cu un domn foarte frumos
mais il était tellement amoureux de lui-même qu'il négligeait sa femme
dar era atât de îndrăgostit de sine, încât și-a neglijat soția
sa deuxième sœur avait épousé un homme spirituel
a doua ei soră se căsătorise cu un bărbat plin de duh
mais il a utilisé son esprit pour tourmenter les gens
dar și-a folosit mărturia pentru a chinui oamenii
et il tourmentait surtout sa femme
și și-a chinuit mai ales soția
Les sœurs de Belle l'ont vue habillée comme une princesse
surorile frumuseții au văzut-o îmbrăcată ca o prințesă
et ils furent écœurés d'envie
și s-au îmbolnăvit de invidie
maintenant elle était plus belle que jamais
acum era mai frumoasă ca niciodată
son comportement affectueux n'a pas pu étouffer leur jalousie
comportamentul ei afectuos nu le putea înăbuși gelozia

elle leur a dit combien elle était heureuse avec la bête
le-a spus cât de fericită era cu fiara
et leur jalousie était prête à éclater
iar gelozia lor era gata să izbucnească
Ils descendirent dans le jardin pour pleurer leur malheur
Au coborât în grădină să plângă de nenorocirea lor
« En quoi cette petite créature est-elle meilleure que nous ? »
„În ce fel este această creatură mai bună decât noi?"
« Pourquoi devrait-elle être tellement plus heureuse ? »
— De ce ar trebui să fie atât de fericită?
« Sœur », dit la sœur aînée
— Soră, spuse sora mai mare
"une pensée vient de me traverser l'esprit"
„un gând tocmai mi-a lovit mintea"
« Essayons de la garder ici plus d'une semaine »
„Hai să încercăm să o ținem aici mai mult de o săptămână"
"Peut-être que cela fera enrager ce monstre idiot"
„Poate că asta îl va înfuria pe monstrul prost"
« parce qu'elle aurait manqué à sa parole »
„pentru că și-ar fi încălcat cuvântul"
"et alors il pourrait la dévorer"
„și atunci s-ar putea să o devoreze"
"C'est une excellente idée", répondit l'autre sœur
„Este o idee grozavă", a răspuns cealaltă soră
« Nous devons lui montrer autant de gentillesse que possible »
„trebuie să-i arătăm cât mai multă bunătate"
les sœurs en ont fait leur résolution
surorile au făcut aceasta rezoluție
et ils se sont comportés très affectueusement envers leur sœur
și s-au purtat foarte afectuos față de sora lor
pauvre Belle pleurait de joie à cause de toute leur gentillesse
biata frumusețe a plâns de bucurie din toată bunătatea lor
quand la semaine fut expirée, ils pleurèrent et s'arrachèrent les cheveux

când a expirat săptămâna, au plâns şi şi-au rupt părul
ils semblaient si désolés de se séparer d'elle
păreau atât de rău să se despartă de ea
et Belle a promis de rester une semaine de plus
iar frumuseţea a promis că va mai rămâne o săptămână
Pendant ce temps, Belle ne pouvait s'empêcher de réfléchir sur elle-même
Între timp, frumuseţea nu s-a putut abţine să se gândească la ea însăşi
elle s'inquiétait de ce qu'elle faisait à la pauvre bête
se îngrijora ce îi făcea sărmanei fiare
elle sait qu'elle l'aimait sincèrement
ea ştie că l-a iubit sincer
et elle avait vraiment envie de le revoir
şi îşi dorea foarte mult să-l revadă
la dixième nuit qu'elle a passée chez son père aussi
a zecea noapte pe care a petrecut-o şi la tatăl ei
elle a rêvé qu'elle était dans le jardin du palais
a visat că se află în grădina palatului
et elle rêva qu'elle voyait la bête étendue sur l'herbe
şi a visat că vede fiara întinsă pe iarbă
il semblait lui faire des reproches d'une voix mourante
părea să-i reproşeze cu o voce pe moarte
et il l'accusa d'ingratitude
iar el a acuzat-o de ingratitudine
Belle s'est réveillée de son sommeil
frumuseţea s-a trezit din somn
et elle a fondu en larmes
iar ea a izbucnit în lacrimi
« Ne suis-je pas très méchant ? »
— Nu sunt eu foarte rău?
« N'était-ce pas cruel de ma part d'agir si méchamment envers la bête ? »
— Nu a fost crud din partea mea să mă comport atât de rău cu fiara?
"la bête a tout fait pour me faire plaisir"

„fiara a făcut totul pentru a-mi mulțumi"
« Est-ce sa faute s'il est si laid ? »
— Este vina lui că e atât de urât?
« Est-ce sa faute s'il a si peu d'esprit ? »
— Este vina lui că are atât de puțină inteligență?
« Il est gentil et bon, et cela suffit »
„El este bun și bun și asta este suficient"
« Pourquoi ai-je refusé de l'épouser ? »
— De ce am refuzat să mă căsătoresc cu el?
« Je devrais être heureux avec le monstre »
„Ar trebui să fiu fericit cu monstrul"
« regarde les maris de mes sœurs »
„Uită-te la soții surorilor mele"
« Ni l'esprit, ni la beauté ne les rendent bons »
„nici spiritul, nici o ființă frumoasă nu-i face buni"
« aucun de leurs maris ne les rend heureuses »
„niciunul dintre soți nu îi face fericiți"
« mais la vertu, la douceur de caractère et la patience »
„dar virtutea, dulceața temperamentului și răbdarea"
"ces choses rendent une femme heureuse"
„Aceste lucruri fac o femeie fericită"
"et la bête a toutes ces qualités précieuses"
„iar fiara are toate aceste calități valoroase"
"c'est vrai, je ne ressens pas de tendresse et d'affection pour lui"
"este adevarat; nu simt tandretea afectiunii pentru el"
"mais je trouve que j'éprouve la plus grande gratitude envers lui"
„dar constat că am cea mai mare recunoștință pentru el"
"et j'ai la plus haute estime pour lui"
„și am cea mai mare stima pentru el"
"et il est mon meilleur ami"
„și el este cel mai bun prieten al meu"
« Je ne le rendrai pas malheureux »
„Nu-l voi face nenorocit"
« Si j'étais si ingrat, je ne me le pardonnerais jamais »

„Dacă aş fi atât de nerecunoscător, nu m-aş ierta niciodată"
Belle a posé sa bague sur la table
frumuseţea şi-a pus inelul pe masă
et elle est retournée au lit
iar ea s-a culcat din nou
à peine était-elle au lit qu'elle s'endormit
abia dacă era în pat înainte de a adormi
elle s'est réveillée à nouveau le lendemain matin
s-a trezit din nou a doua zi dimineaţa
et elle était ravie de se retrouver dans le palais de la bête
iar ea a fost nespus de bucuroasă să se poată găsi în palatul fiarei
elle a mis une de ses plus belles robes pour lui faire plaisir
şi-a pus una dintre cele mai frumoase rochii ale ei pentru a-i face plăcere
et elle attendait patiemment le soir
iar ea a aşteptat cu răbdare seara
enfin l'heure tant souhaitée est arrivée
a venit ora dorită
L'horloge a sonné neuf heures, mais aucune bête n'est apparue
ceasul a bătut nouă, dar nicio fiară nu a apărut
La belle craignit alors d'avoir été la cause de sa mort
Beauty se temea atunci că ea fusese cauza morţii lui
elle a couru en pleurant dans tout le palais
a alergat plângând prin tot palatul
après l'avoir cherché partout, elle se souvint de son rêve
după ce l-a căutat peste tot, ea şi-a amintit de visul ei
et elle a couru vers le canal dans le jardin
iar ea a fugit la canalul din grădină
là elle a trouvé la pauvre bête étendue
acolo a găsit biata fiară întinsă
et elle était sûre de l'avoir tué
şi era sigură că l-a ucis
elle se jeta sur lui sans aucune crainte
ea s-a aruncat asupra lui fără nicio teamă

son cœur battait encore
inima îi mai batea
elle est allée chercher de l'eau au canal
ea a luat niște apă din canal
et elle versa l'eau sur sa tête
iar ea i-a turnat apa pe cap
la bête ouvrit les yeux et parla à Belle
fiara a deschis ochii și a vorbit frumuseții
« Tu as oublié ta promesse »
„Ți-ai uitat promisiunea"
« J'étais tellement navrée de t'avoir perdu »
„Am fost atât de zdrobit că te-am pierdut"
« J'ai décidé de me laisser mourir de faim »
„Am hotărât să mă înfometez"
"mais j'ai le bonheur de te revoir une fois de plus"
„dar am fericirea să te văd încă o dată"
"j'ai donc le plaisir de mourir satisfait"
„deci am plăcerea de a muri satisfăcut"
« Non, chère bête », dit Belle, « tu ne dois pas mourir »
„Nu, dragă fiară", a spus frumusețea, „nu trebuie să mori"
« Vis pour être mon mari »
„Trăiește pentru a fi soțul meu"
"à partir de maintenant je te donne ma main"
"din acest moment iti dau mana mea"
"et je jure de n'être que le tien"
„și jur că nu fii decât al tău"
« Hélas ! Je pensais n'avoir que de l'amitié pour toi »
"Vai! Am crezut că am doar o prietenie pentru tine"
« mais la douleur que je ressens maintenant m'en convainc » ;
„dar durerea pe care o simt acum mă convinge";
"Je ne peux pas vivre sans toi"
„Nu pot trăi fără tine"
Belle avait à peine prononcé ces mots lorsqu'elle vit une lumière
frumusețea abia spusese aceste cuvinte când văzu o lumină

le palais scintillait de lumière
palatul strălucea de lumină
des feux d'artifice ont illuminé le ciel
artificiile au luminat cerul
et l'air rempli de musique
iar aerul s-a umplut de muzică
tout annonçait un grand événement
totul a anunțat un eveniment grozav
mais rien ne pouvait retenir son attention
dar nimic nu putea să-i rețină atenția
elle s'est tournée vers sa chère bête
se întoarse spre fiara ei dragă
la bête pour laquelle elle tremblait de peur
fiara pentru care tremura de frică
mais sa surprise fut grande face à ce qu'elle vit !
dar surpriza ei a fost mare la ceea ce a văzut!
la bête avait disparu
fiara dispăruse
Au lieu de cela, elle a vu le plus beau prince
în schimb l-a văzut pe cel mai drăguț prinț
elle avait mis fin au sort
ea pusese capăt vrajei
un sort sous lequel il ressemblait à une bête
o vrajă sub care semăna cu o fiară
ce prince était digne de toute son attention
acest prinț a fost demn de toată atenția ei
mais elle ne pouvait s'empêcher de demander où était la bête
dar nu se putea abține să nu întrebe unde era fiara
« Vous le voyez à vos pieds », dit le prince
— Îl vezi la picioarele tale, spuse prințul
« Une méchante fée m'avait condamné »
„O zână rea mă condamnase"
« Je devais rester dans cette forme jusqu'à ce qu'une belle princesse accepte de m'épouser »
„Trebuia să rămân în această formă până când o prințesă frumoasă a acceptat să se căsătorească cu mine"

"la fée a caché ma compréhension"
„zâna mi-a ascuns înțelegerea"
« tu étais le seul assez généreux pour être charmé par la bonté de mon caractère »
„Ai fost singurul suficient de generos pentru a fi fermecat de bunătatea temperamentului meu"
Belle était agréablement surprise
frumusețea a fost fericită surprinsă
et elle donna sa main au charmant prince
iar ea îi dădu mâna prințului fermecător
ils sont allés ensemble au château
au intrat împreună în castel
et Belle fut ravie de retrouver son père au château
iar frumusețea a fost încântată să-și găsească tatăl în castel
et toute sa famille était là aussi
și toată familia ei era acolo
même la belle dame qui lui était apparue dans son rêve était là
chiar și frumoasa doamnă care a apărut în visul ei era acolo
"Belle", dit la dame du rêve
„frumusețe", a spus doamna din vis
« viens et reçois ta récompense »
„Vino și primește-ți răsplata"
« Vous avez préféré la vertu à l'esprit ou à l'apparence »
„ai preferat virtutea în detrimentul inteligenței sau înfățișării"
"et tu mérites quelqu'un chez qui ces qualités sont réunies"
„și meriți pe cineva în care aceste calități sunt unite"
"tu vas être une grande reine"
"vei fi o regină grozavă"
« J'espère que le trône ne diminuera pas votre vertu »
„Sper că tronul nu îți va diminua virtutea"
puis la fée se tourna vers les deux sœurs
apoi zâna se întoarse către cele două surori
« J'ai vu à l'intérieur de vos cœurs »
„Am văzut în inimile voastre"
"et je connais toute la méchanceté que contiennent vos

cœurs"
„şi ştiu toată răutatea pe care o conţin inimile voastre"
« Vous deux deviendrez des statues »
„Voi doi veţi deveni statui"
"mais vous garderez votre esprit"
„dar vă veţi păstra minţile"
« Tu te tiendras aux portes du palais de ta sœur »
„Vei sta la porţile palatului surorii tale"
"Le bonheur de ta sœur sera ta punition"
„Fericirea surorii tale va fi pedeapsa ta"
« vous ne pourrez pas revenir à vos anciens états »
„Nu te vei putea întoarce la stările tale anterioare"
« à moins que vous n'admettiez tous les deux vos fautes »
„Dacă nu vă recunoaşteţi amândoi greşelile"
"mais je prévois que vous resterez toujours des statues"
„dar prevăd că veţi rămâne mereu statui"
« L'orgueil, la colère, la gourmandise et l'oisiveté sont parfois vaincus »
„Mândria, mânia, lăcomia şi lenevia sunt uneori cucerite"
" mais la conversion des esprits envieux et malveillants sont des miracles "
„ dar convertirea minţilor invidioase şi răutăcioase sunt miracole"
immédiatement la fée donna un coup de baguette
imediat zâna a dat o lovitură cu bagheta ei
et en un instant tous ceux qui étaient dans la salle furent transportés
şi într-o clipă toate cele care se aflau în sală au fost transportate
ils étaient entrés dans les domaines du prince
intraseră în stăpâniile prinţului
les sujets du prince l'ont reçu avec joie
supuşii prinţului l-au primit cu bucurie
le prêtre a épousé Belle et la bête
preotul s-a căsătorit cu frumuseţea şi cu fiara
et il a vécu avec elle de nombreuses années

și a trăit cu ea mulți ani
et leur bonheur était complet
iar fericirea lor era deplină
parce que leur bonheur était fondé sur la vertu
pentru că fericirea lor era întemeiată pe virtute

La fin
Sfârșitul

www.ingramcontent.com/pod-product-compliance
Lightning Source LLC
Chambersburg PA
CBHW011556070526
44585CB00023B/2624